弘文馆
HongWenGuan

Fresh书系

會呼吸的閱讀

送你一首渡河的歌

the Sutra of My Heart

心经

当时间停止，时间在哪里？当意念停止，心又在哪里？
变动时代的安心自在。

洪启嵩 图·文

文化藝術出版社
Culture and Art Publishing House

地球禅者 · 洪启嵩

台湾知名学者，自幼参学各派禅法，1983年于南投仁爱乡别毛山闭关，出关后倡导佛法人间理念。

1988年他首度倡导落实生态与精神环保的人间净土，以及万名菩萨舍身报恩的器官捐赠运动。同年开始主持禅七，致力于推广禅定教育及著述。其作品有《随身法藏》《放松禅法》《睡梦禅法》《坐禅之道》《禅观秘要》《如何修持佛经》《前未来》等近两百部。

在30年的禅法经验中，洪启嵩解析出现代人放松养生的密码，并希望透过自己的笔触，将这些带给更多的人们。

送你一首渡河的歌

the Sutra of My Heart

心经

洪启嵩 图·文

文化藝術出版社
Culture and Art Publishing House

送你一首渡河的歌

the Sutra of My Heart

心经

洪启嵩 图·文

文化藝術出版社
Culture and Art Publishing House

缘起

人，不断承受着各种外在与内在环境产生的身心压力。只是越到现代，尤其是进入二十一世纪，这压迫和苦恼便越严重。空气、水、阳光、食物、教育、经济……太多的因素，让我们感到越来越喘不过气。

我们越是想摆脱这些压迫和苦恼，用尽各种方法，却越是纠缠不清。我们拥有的信息越多，越没法辨别真伪。越没法辨别真伪，就越没法做决断，进而就越需要更多的信息，形成恶性循环。

简单地说，“信息”、“知识”和“智能”是不同的。如果心无法安定，收到的信息再多，不但不能转成有用的知识、升华成智能，反而会形成“信息焦虑”。而这些问题的根源就在于，我们的心乱了，心里面的空间太小、甚至已经没有了。

□

《心经》可说是国内流行最广的经典，几乎人人耳熟能详。因为经文非常简短，只有二百六十字，很容易就背下来了。只是，这么简短的《心经》，其内容却是系统庞大的般若经典之浓缩精华。

《心经》的全名——《摩诃般若波罗蜜多心经》，意思就是

“摩诃般若智慧的心中心”。也就是说，这部经书就是让我们直接掌握浩瀚般若智慧心髓的宝典，以《心经》的智慧来度脱一切苦厄，圆满到达彼岸。《心经》可以说是心法中的心法，简短又容易背诵，无论是对一般人或是学佛者来讲，都是极佳的修行法门。

□

《心经》，就是让我们成为一个生命的“观自在”者，成为像佛陀一样圆满觉悟的生命宝钥。

一般人常把“佛”当做一个在高不可及的上位对象，或只是把佛陀当做信仰的对象，所以把“信佛”看做比“学佛”更重要。其实，“学佛”，就是学习佛陀，依照正确的道路，圆满成佛；而“信佛”可以作为“学佛”的开始，但是信佛之后，就应该努力去了解佛陀，学习佛陀的心法，和佛陀一样地去体悟、去实践。信佛之后，如果只是将佛陀当作一个信仰和依靠的对象，那么佛教也就和其他劝善的宗教没什么不同了。

我们想想，释迦牟尼为什么说他体悟、实践的方法，是任何时间、任何地方的任何人都可以学的呢?因为佛法的本质及其真实内容是不变的、超越文字的，也是超越意识思维的，所以它不会受到时间、空间、种族，乃至资质聪明愚笨等限制。

佛法最重要的，不是学了多少佛学名词，或是读了多少经典，而是把自己所了解的、体悟的，去实践、去执行，变成生活中的一部分，自然融入佛陀的行住坐卧，而不是把佛法当做一种附丽的学问或规矩仪轨。广学多闻，是以经典辅助我们，让我们在修行实践的过程中有正确的地图可以跟随。但指引的手指，毕竟不是月亮。

□

解决一切烦恼的根源，就是要让心来做主，随顺觉性，而非随顺烦恼。

心能做主了，眼、耳、鼻、舌、身、意这六根就有个统帅，所有的信息进来，六根就可以各司其职，将信息运用自如。佛法就是让我们“心”的空间扩大。“心”的空间越扩大，我们就越自由，很多问题也就迎刃而解，不会使自己再钻牛角尖。

此外，心松了，呼吸就放松；呼吸松了，身体就放松了。这样对身心的整体健康必定是有益的，而且对外境本身也会是温柔和谐的，所以说整个生命将在它周围产生一种善性的循环，它所处的环境空间也就随之改变了。

□

这本书中的图，就是我在身心自然放松的状态下随手所画的。

我的著述通常以文字为主。而这，是我第一本以画为主体的作品。

以前我就喜欢偶尔拿着笔，很自然专注地写毛笔字，既不刻意临帖，也没受过正式训练，就是随心自在，写几个字而已。

由于我的身心长期安住放松，我便逐渐感受到这个笔拿在手里的柔顺。笔就像跟我的手和心融为一体，完全联系在一起，而纸、墨跟我好像也浑然一体。这样的笔调，这样的笔意，让我的心、手、字、画，都合为一体。这种感觉让我对书画产生了很大的兴趣。

开始，只是觉得很舒畅，很欢喜，让我感觉很自在，过了没多久，习惯了，看到的东西就能这样随手画出来了。

□

一开始只是画佛及菩萨像居多，至于什么时候开始画其他的东西，倒是没有很深刻的印象，应该是一个很自然的过程吧！因为我随笔画上去的时候，只是想描绘这个世界至真至美的一面，画佛和菩萨如此，画其他的东西也是这样。

我看到小朋友，就把他画成佛宝宝；甚至花、动物，我都想把它表现成“它就是佛，是一个圆满生命的展现”。这样画起来，我便会感觉到深深的喜悦包围着我。

之前我将所画的佛宝宝印成海报，发现有许多小朋友会去摸它、亲它，但还好海报有覆膜，使它们幸免了小朋友们的口水。

我为此感到惊奇，咦！我这样画，小朋友竟然这么喜欢！孩子喜欢它，而且可以以真诚的心灵跟它对话，使我觉得自己好像成就了一件大事。

这样我的心和手就都更能放得开了。我既然可以跟孩子对话，就可以跟山河大地、花花草草、狗狗猫猫对话。我可以看到他们的佛性，他们的纯真，就以这样自然的状态呈现在我的眼前。

在这种愈来愈放松的状态下，对于种种事物的兴趣，就如同泉水一样自然涌出，让我感到很欢喜。所以后来我就随时随地带着笔，有时候是毛笔，有时候是铅笔，有时候甚至各种奇奇怪怪的笔。我甚至拿着各种能够表现的素材，甚至眉笔，带着木板或是任何随手取得的材质，就自然地画了。《爱情的22个关键词》那本书，我就是这样画成的。

□

文字能够把理趣说得比较清楚，这个道理一阶一阶说得比较清楚，让大家透过一种思维去看去了解。但现代人受到的逻辑训练是比较强的，有时候这一阶一阶的说理本身也会成为一种障碍。画，却不一样。

举个例子来。2004年，我第一次在哈佛大学演讲时讲放松禅法，当时我是以中文演讲，由他人即席英译。因为译者本人对我讲的东西并不很了解，所以事后我的学生们就在现场，为一些听众解说我演讲的内容。其中有一位哈佛的老教授回答的一句话，让我印象深刻。他说他都知道了，不需要透过言语，他看到我的身体、我的动作，看到我站在那边，就知道那是怎么一回事。

所以说，有时候很多复杂的话都讲不清的东西，往往通过一笔画，一个图像，就能一目了然了。

有一次，美国硅谷的一位企业家，看到我写的一幅五公尺的大佛字，他感触很深，他说他看到的不是一个佛字，而是自己身体的放松。他当场就感觉身体热起来，整个身心非常舒畅。

谈什么是放松、放下、放空，解说得再多，听的人不一定都能理解。但是看画，看画里的线条、色彩，感受生命的放松与和谐，可能会另有所得。

一幅画，同样可以使你的呼吸都放松下来，得到很好的调整，心松开了，看待事情也好像特别清明，特别有灵感。事实上我画每一幅画，都直接跟我的心意相通，所以跟文字相比，画虽然好像没说什么，但又好像更直接，说得更多，意会的是内心更深的一种触动。

□

这种身心放松的境界，和《心经》有什么关系呢？

《心经》一开头“观自在菩萨，行深般若波罗蜜多时，照见五蕴皆空，度一切苦厄”——当我们“照见五蕴皆空”，身心自然完全放松、放下，不执著了，因此就能“度一切苦厄”，解脱一切烦恼。

“照见五蕴皆空”，就是观照自己的身心五蕴，色身、感受、思想、生命意志及意识，都是无法执著的，是空不可得的，由此产生无碍的智慧，超越一切苦难困厄。

我创发的这套放松禅法，根本的原理，正来自于《心经》“空”的智慧。

平时我们练习，让眼、耳、鼻、舌、身、意这六种感官放松放下，时时保持身心的觉性，不要贪着外境，不会看到好看的、好吃的、好听的，心就跟着跑了。如果六根、心能不随外境所转，时时以觉性观照，也就能成为真正的“观自在”。

《送你一首渡河的歌——心经》，将《心经》以全新的风貌与大家见面，希望每一个现代人都能自由自在汲取《心经》的智慧之泉。

无论在过去，现在，乃至未来，《心经》的智慧，都能帮助生命走向光明幸福。

2008年11月，我应邀到美国哈佛大学医学院教学医院(MGH)，教授放松禅法。MGH是全美国最著名的医院之一，是麻醉技术等很多现代医疗技术的发祥地，也是全美医疗科学研究投入最大的医院。而美国航天总署(NASA)有许多针对航天员身心医学的研究，也是在这里进行。

这些科学家们听了这个方法，非常振奋，他们认为，这套方法有可能是在未来人类面临长途的太空旅程时，保持身心最佳状态的重要方法。

很快的，人类即将要进入太空世纪，地球上的生命，将和宇宙其他星球的生命相接触。未来，是一个“星际大战”的时代，还是一个“宇宙共荣”的时代?必须要从现在开始决定。

帮助每一个生命开启觉性的光明，是我一生最大的心愿，也是人生的最大意义。祈愿每个人都能成为“地球禅者”，让觉性智慧的光明，以地球为核心，向宇宙发出和平的讯息，传布到各个星球星系，将地球的觉性精神奉献给宇宙，让这首渡河的歌，成为宇宙中最美的歌声，亘古传唱!

the Sutra of My Heart

心经

观自在菩萨

This sutra is the heart of great wisdom
which transcends everything.

当时间停止，时间在哪里？
当意念停止，心又在哪里？
过去的意念，就像微风吹过，已经消失了；
未来的念头还没有出现。
这时，你在想些什么？

生命并不存在于过去或未来，
过去与未来，只是意念的互相渗透而串连起来，
一种几乎没有破绽的错觉。

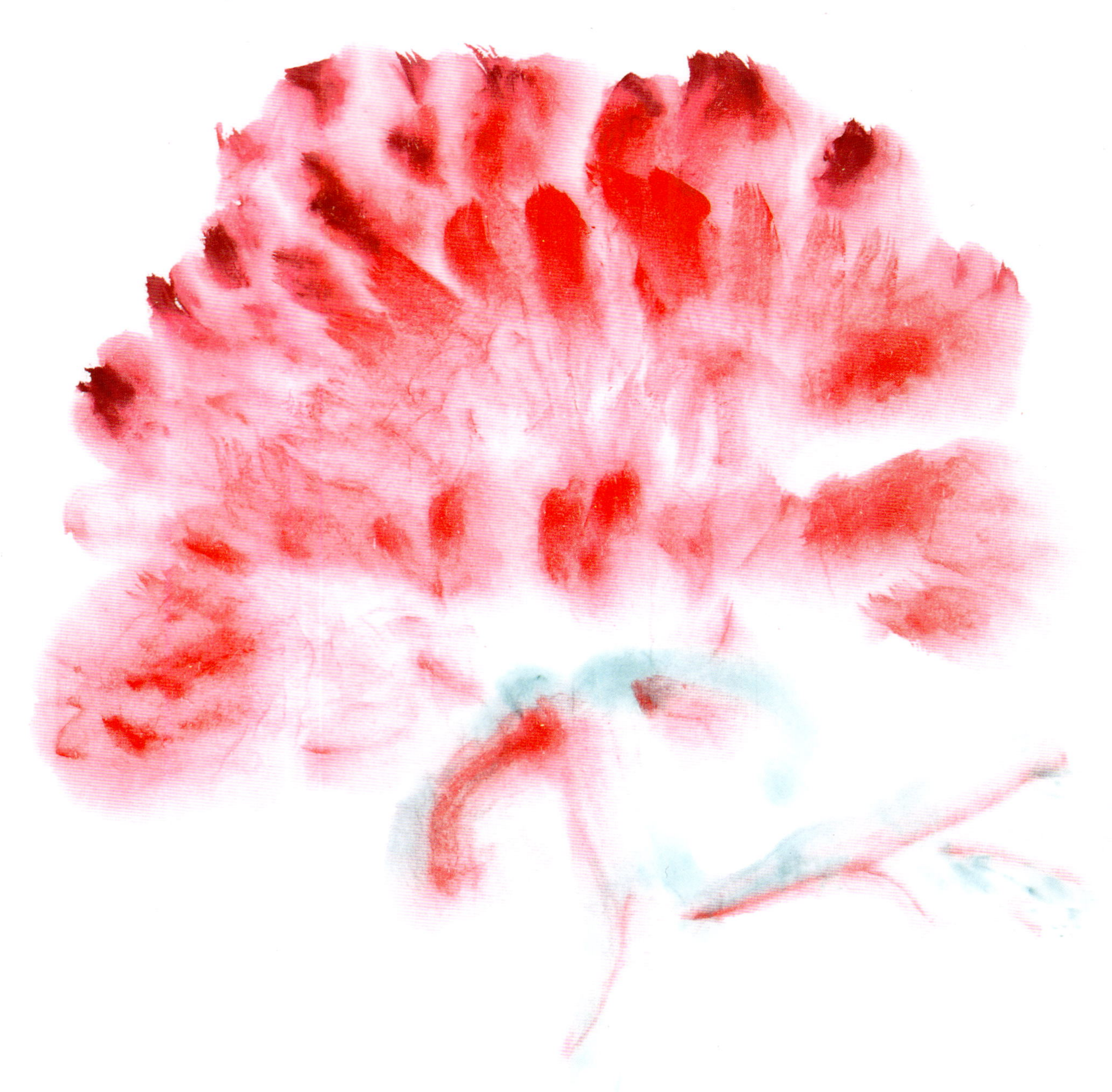

行深般若波罗蜜多时

The freeness-of-vision Bodhisattva enlightens all and saw through the five skandhas which were empty.

每一个生命，都只能活在现在。
但是，所谓“现在”，曾经存在吗?
多长的时间称为“现在”?多短的时间称为“现在”?
一分钟、一秒钟、一刹那?会不会根本没有现在!

当你不再为“过去”的意识所俘虏，
不再被“未来”的心念所缠绕；
当你不坐“现在”之监狱，生命才能得到真正的自由。

照见五蕴皆空

While living the complete transcendental wisdom.

一切存在，
包括我们的身体、感受、思想、生命意志和心念，
都是由各种条件所构成的，没有恒久不变的自体
是空而无常的。

一棵树从种子开始，不断地蜕变，
阳光、土地、水份、空气……都影响着它的成长
它不会停止在某一个时刻、某一个形状。
正因为有种种条件的参与，
所以小小的种子最后才能长成一棵花繁叶茂的大树。

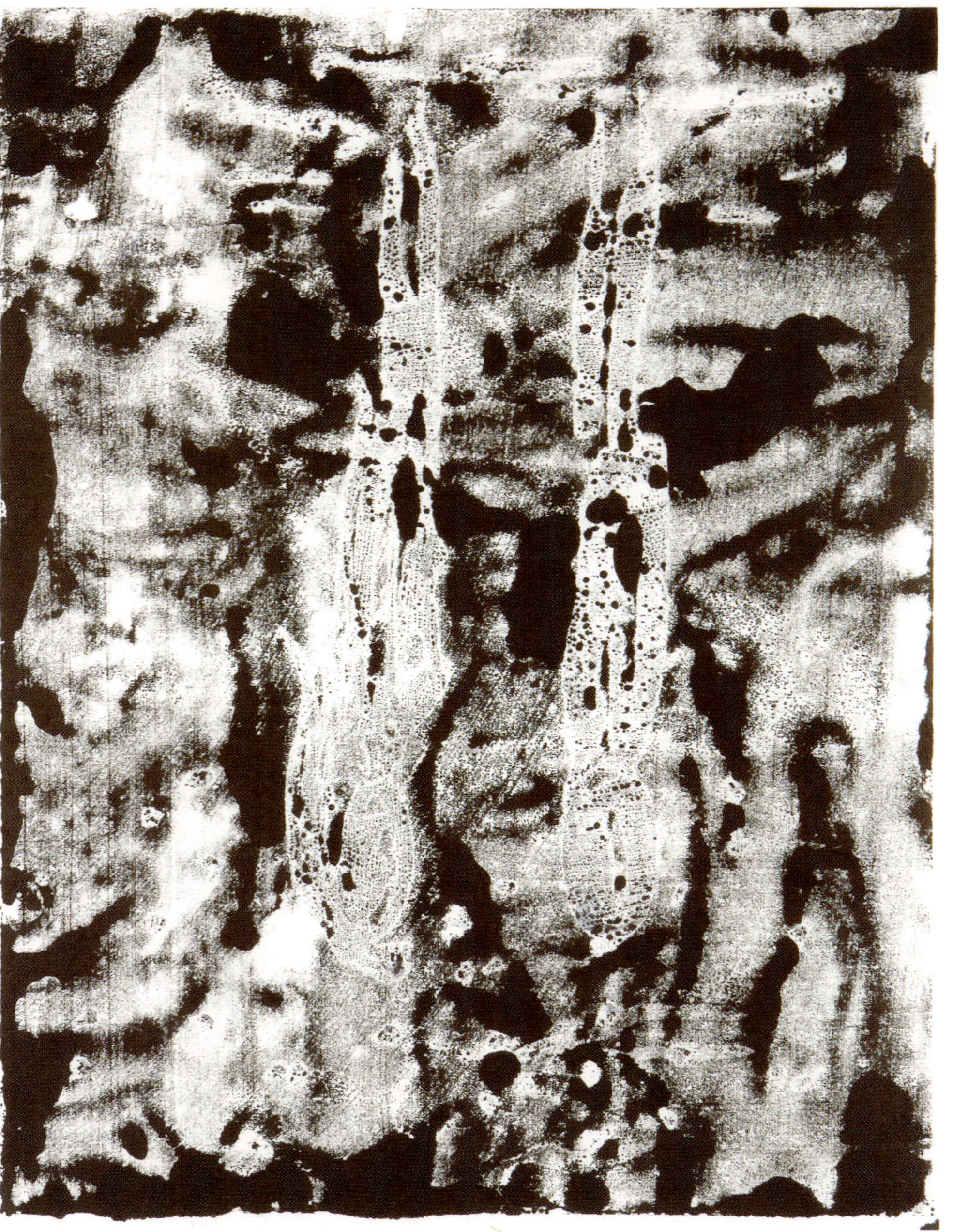

度一切苦厄

And, so, was beyond suuffering.

造就是空的作用。
能自在地显现宇宙的万象。
空，不是什么都没有，更不是一种停滞的状况。
空，是万事万物的真实样貌——没有任何事物拥有绝对不变的形体、不可逾越的边界。

能够观自在的你，
了知自身、他人与外境的空幻无常，
泯除了所有的对立界线，没有敌者。
能超越一切生命的忧悲苦恼。

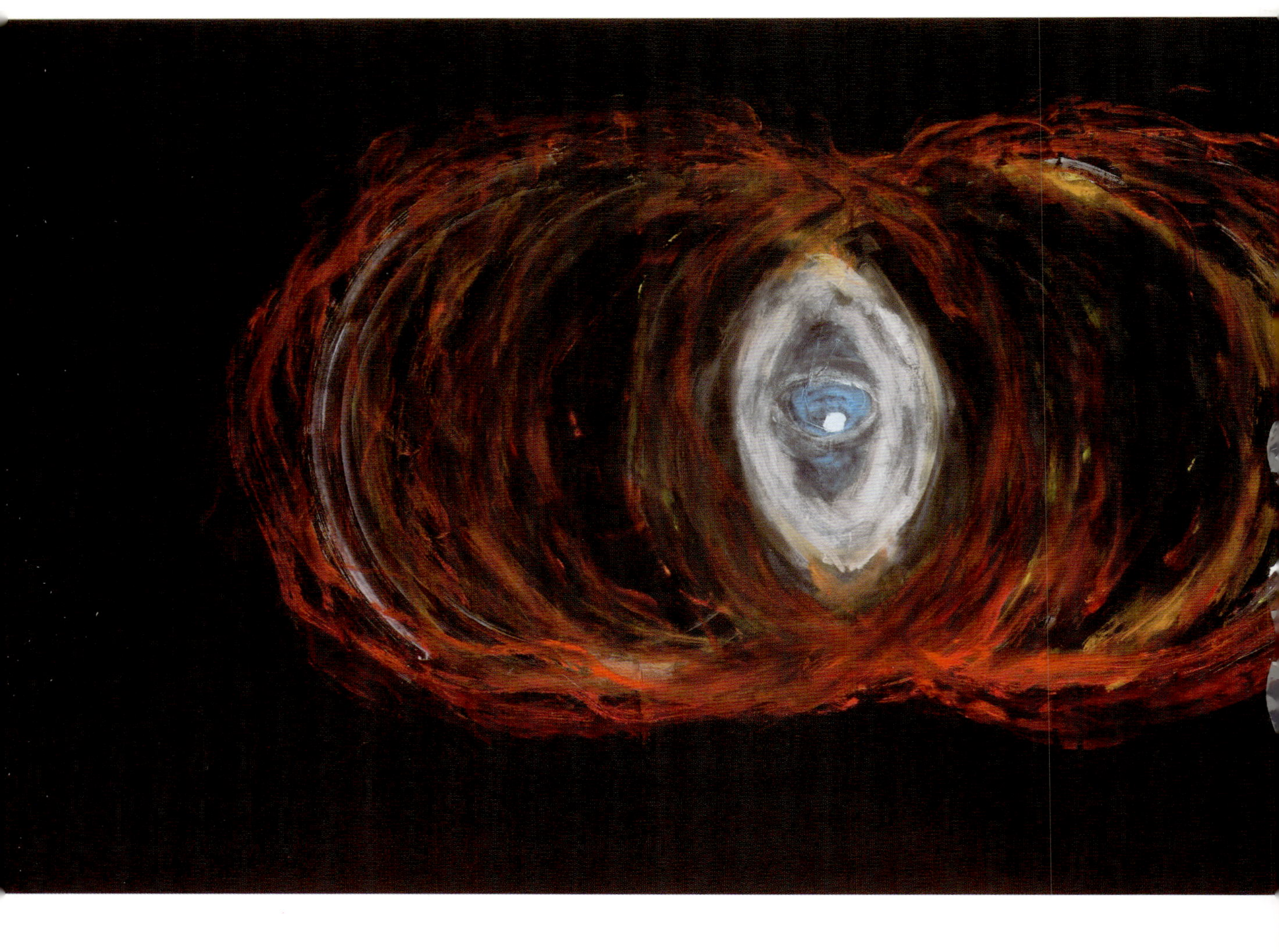

舍利子

Listen.Shariputra!

任何存有现象都不断地在变化中，
找不到一个不变的实体。

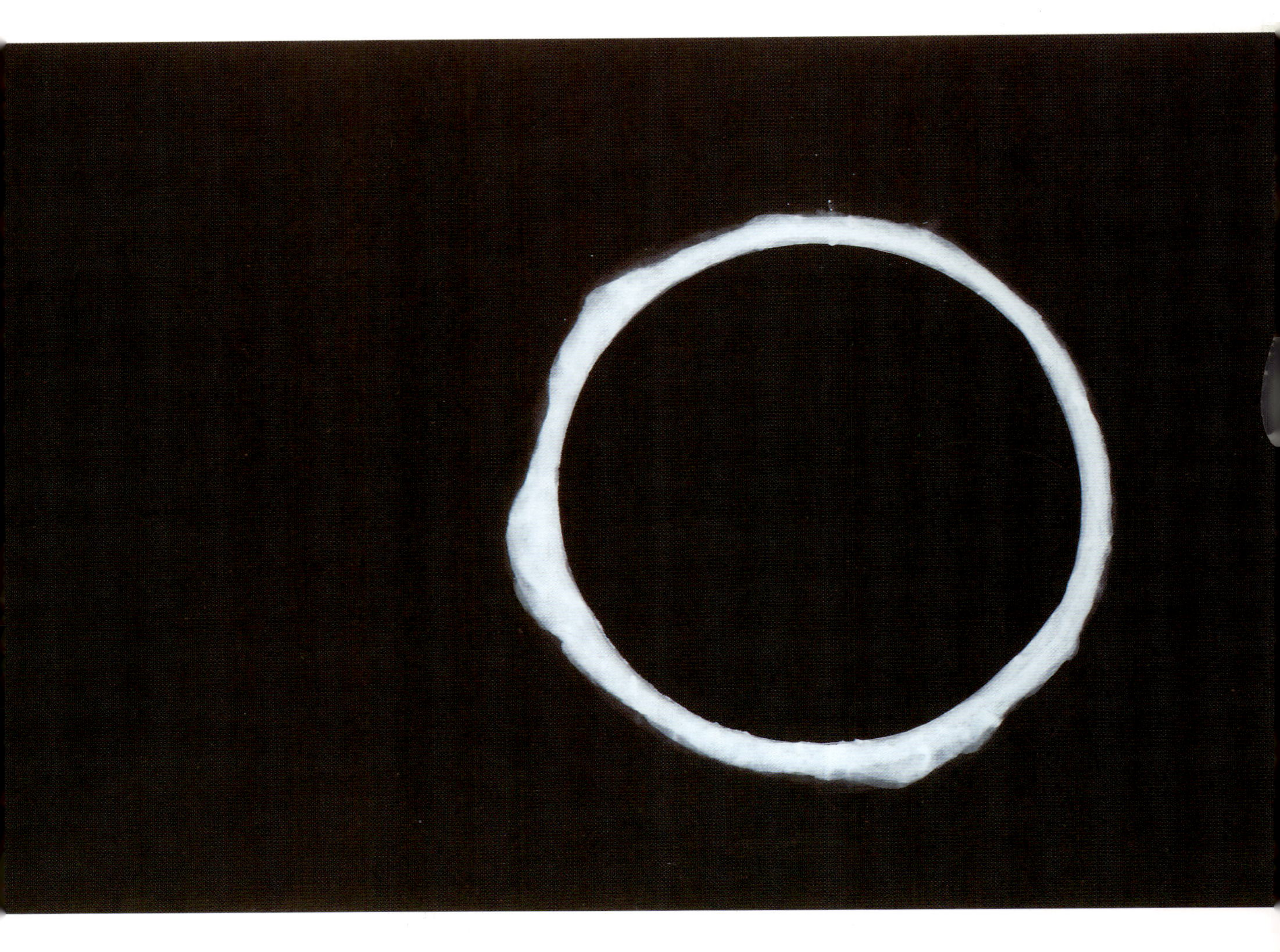

色不异空

Substance is not different from emptiness;

就像我们的身体，由亿万个微细粒子所构成的，
如果把这些微细粒子一个个分解，
所谓的“我”，最后不过是一堆原子的尘土而已。

这些微尘都曾经是你的一部分，
它们的结合造成你的生命，你的存在；
当你生命结束，肉体分解，
它们又各自和别的微尘组合成其他的形态。

空不异色

emptiness is not different from substance.

空，有如暂时被定格的幻影，
它在这现象出现之前不存在，
现象消失之后也不存在；
而每个现象在显影过程中，也是不断在变化着。

色即是空

And substance is the same as emptiness;

我们六根所感受到的一切是如此真实，
但如果你要找出它常住不变的本体，却了不可得。
生命的种种痛苦烦恼，正是来自于这种错误虚妄的想象。

一切痛苦的根源，都来自于紧紧抓住“自我”，
以“我”为中心，来建构周遭的一切。

空即是色

emptiness is the same as substance.

“我的”太太，“我的”孩子，“我的”衣服，“我的”喜好……
一圈又一圈“自我”的牢狱，禁锢了自心，
让自己和生命中邂逅的事事物物无法感通，
不是贪婪地执取，就是厌恶地排拒，或是漠然无感。
只有去掉心中那条“自我”的界线，
才能得到生命的大自在。

受

Feeling,

打开“自我”的限制，天地无限辽阔。

想

thinking,

放掉自我的执著，重新观看世界，
它不会增加什么，也不会改变什么，
这世界还是一如往常地运作着，
但是你的心不一样了。

willing,

就像恢复平静的水面，
能清楚照见这个世界真实的面貌，
之前圈禁你、遮蔽着你的一切，
不再成为烦恼的根源。

识

awareness

你开始自在悠游于无限可能之中，
不管是所看、所触、所感，都变得无比清晰澄澈：
好的气味不会让你生起贪着，
坏的气味不会让你心生厌恶。

亦复如是

are also like this:empty.

好听的话无法控制你，
难听的话也不会让你生起无明火，
眼所见，耳所闻，六根接触的外境，
种种感受明明白白，
却不再成为生命的制约。

舍利子

Listen.Shariputra!

你能感受到万事万物鲜活的生命力，

可以听到山的声音、树的声音、云的声音……

是诸法空相

All are empty;

小至你我的生死，大至地球的诞生与毁灭，
乃至整个宇宙的运作，都是相续不断变化着；
这种空的力量，能够创造出一切不可思议、无穷无尽的宇宙万象。

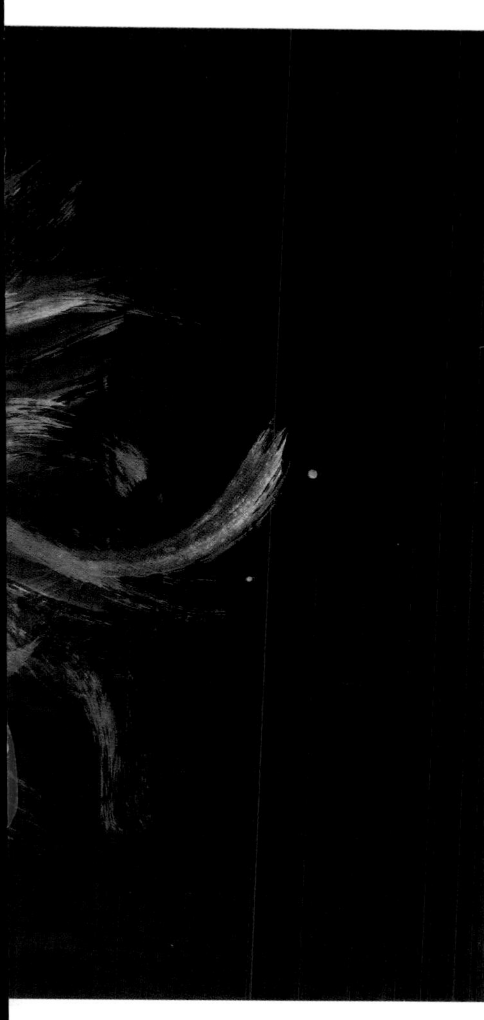

不生不灭

non-beginning, non-ending,

宇宙中的一切现象，
从来没有生起，也从来没有消灭过。
它们只是随着因缘条件的流转而形成，
又随着因缘条件的变易而消失。

就像大海一样，波涛汹涌，
一个接一个的巨浪生起、消失，
生生灭灭、永无止息，
但大海依旧是大海，根本没有生起或消灭。

不垢不净

nonimpurity, non-purity,

生命也是这样。从人的角度来看，
人的出生称之为“生”，人的死亡称之为“死”。
然而，“生”又何尝不是“死”之死，
“死”也正是“死”之生。

我们此世的出生，
是来自其他存有状态的消失与转换，
所以此世的“生”，也可以说是过去存有的“死”；
而此世的“死”，也正是下一世的“生”了。

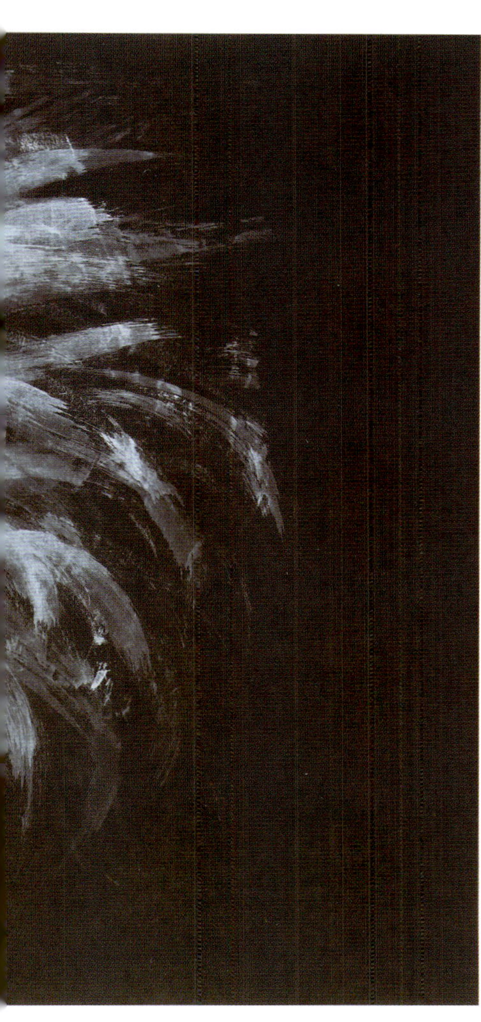

不增不减

non-increasing, non-decreasing.

我们把转变当作一个“生”、一个“灭”，
但是从本质上来讲，
它从来没有生起、没有消灭，只是不断地变化着。

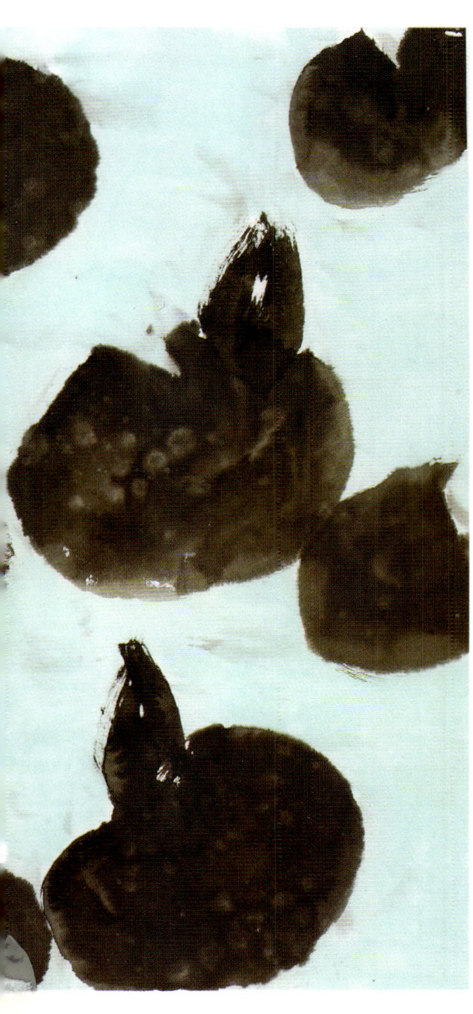

是故空中无色

So, in emptiness, there is no substance,

万物不断流转，

就像水，可以分解为氢原子和氧原子，

也可以结合成透明的连续体，

上一刻是河流与海洋，

下一刻是云朵或雨滴。

无受

feeling,

因此，你既找不到一个永远不变的实体可以染污，也没有染污者。

想

thinking,

从另外一个角度来看，
宇宙既然这样无边无际，
时间既然这样无前无后，
它中间既有光亮，
也有黑暗，有清净，也有脏污，
那么到底应该说它是明还是暗？
是秽垢还是洁净？

willing,

这样的存有，没有任何一个东西能限制它、伤害它：
任何增加它或减损它的作为，都是徒劳的，
因为它就是那么圆满、绝对，
远离“多”或“少”、“大”或“小”、“增”或“减”
这些相对性的思维。

识

or awareness.

当我们明白万物的体性都是虚幻不实的时候，
就能超越我们的眼睛、耳朵、鼻子、舌头、皮肤、意念
六种感官力量的制约。

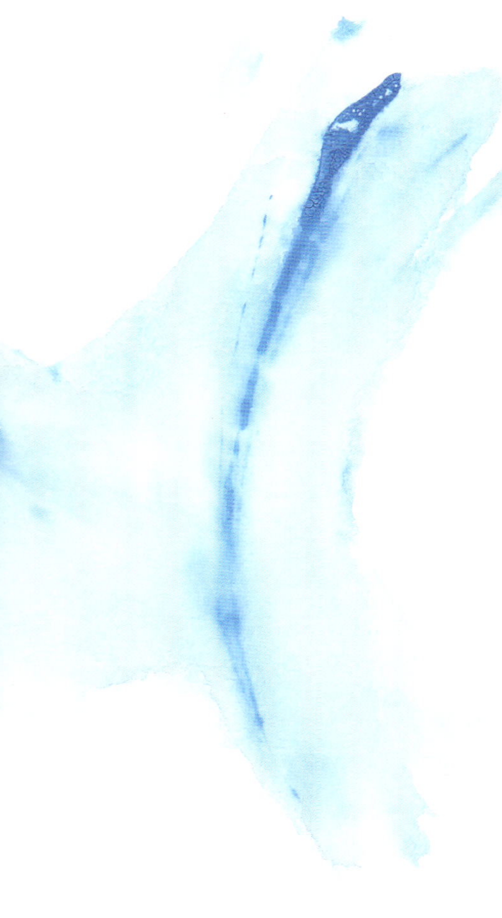

无眼

There are no eyes,

世界的讯息和刺激这么多，
我们总以为要全力使用自己的各种感官，
才能吸收到自己需要的东西。

因此，我们感官的作用也就被外境所控制，
反而看不清楚、听不明白。

然而，当我们盯着东西看的时候，能看到的范围就变小了。
如果我们知道，
事物不会因为我们不紧盯着看就看不到；
把眼睛整个放松，
那眼睛就可以像镜子一样，可以轻易照见万象
——让东西来看我们，而不是我们去看东西。

耳

ears,

当你的耳朵放松，不再对外界声音执著之后，

就像听最高级的音响一样，

能够很敏锐地感受到最微细的声音，而且是柔软而悦耳的。

nose,

你的鼻子放松，

因为没有执著的缘故，

不会因为闻到好的气味就贪求更多，

也不会闻到不好的味道就生气，

因此嗅觉就会变得更加敏锐，

鼻子、舌头、身体的触感跟意念也一样，

我们整个身心不再向外抓取，

完全放松，因此，不会被外在的现象所制约。

舌

tongue,

一个健康的人，口中唾液充分地分泌，
只要舌根放松，可以遍尝各种味道，
而且都是最美好的味道。
所谓的美食家，往往最难尝到满意的味道。

body

当身体完全放松，触觉也会变得非常灵敏，
碰到一个东西感觉很舒服，却不会贪着于它，
感觉不舒服时，也不会生起厌恶之心，
只是避开远离而已。

意

or awareness.

意念也是这样，我们接收各种讯息，
但不产生渴求，也不排拒，
对是非善恶清楚知晓而超越它。

无色

There is no substance,

如果我们体悟宇宙万象的空性，
这时我们的眼睛看到一切，
但视线却不会被外在的物相所蒙蔽。

sound,

同样地，我们不会被外在的声音所俘虏。

香

smell,

不会受到香臭的左右。

味

taste,

不会受到饮食的驱策。

触

feeling of touching,

不会贪恋美好的触觉。

法

or thought.

这样的你，和山河大地、万事万物都是统一的，
六种感官对你而言，不再是有分立有隔阂的，
但是它们各自感受的外境——色、光、气味等一切现象，
又是清清楚楚。

无眼界

There is no realm for the sense of eyes or other senses,

当你体悟了万物空的实相，
就可以超越眼睛、耳朵、鼻子、舌头、身体、意念，
乃至生命的一切界线，得到完全的自由。

乃至无意识界

nor even a realm of awareness.

一切现象、一切领域对你而言，
只是各种条件集合之下，在此时此刻的时空里面，
展现你现在这样的样态，
但是在这中间并没有一个真实的本体，
所以能够显现种种不可思议的风貌。

无无明

There is no unawareness

当你体悟了万物空的真相，
就可以超越眼睛、耳朵、鼻子、舌头、身体、意念，
乃至生命的一切界线，得到完全的自由。

nor cessation of unawareness.

当你的身心超越这一切，
获得彻底的自由，也就不再有“智慧”与“无明”的分别，
自然也没有“无明尽”这一回事了。

乃至无老死

Also no senility or death;

我们观察生命的死亡，体认到自己终究也有死亡的一天。

事实上，我们随时随地都会死，

因此死亡并不特别，也不奇怪。

生、老、病、死，都只是因缘条件不断转换的一个过程而已。

亦无老死尽

no cessation of senility or of death.

一个洞见真相的达者，
超越了生、灭的有限观点，
了知“老”、“死”的现象也都是虚妄的；
既然没有“老”、“死”这回事，
也就没有“老”、“死”需要超越。

如果能了知一切事物的体性都是如此虚幻不实
——既然没有烦恼的主体，自然也就没有烦恼的消除了。
我们可以平静、安心，好好地活着，该做什么就去做，
不会犹豫，也不会懊悔。

无苦

There is no suffering,

所以，什么是痛苦？
什么是痛苦的原因？
什么是消除痛苦的方法？

以肉身而言，痛苦的现象是存在的，
但最大的痛苦，却是我们对痛苦的想象。
“痛”是生理现象，“苦”则心理现象，
两者之间并没有必然的联结。

集

no cause of suffering,

痛苦的缘由，常常肇因于我们给心一个虚幻的想象。
当我们超越感官，看清一切事物的真相，就会发现：
痛苦的本性是虚幻的，因此痛苦的发生与止息也都是虚幻的。

灭

no cessation of suffering,

如果这一切都是那么虚幻不实，有如梦境，
是不是超越本身，在这时候也被超越了？
那么在这中间谁是证道的？
谁是获得无上智慧的？
谁能真正拥抱虚幻？

道

no cessation of suffering path.

一旦我们超越了所有的智慧，
也超越了其他一切能得到的东西，
我们立刻可以从智慧里面得到大自由，
并且从一切虚幻的占有中得到大解放。

无智亦无得

There is no wisdom and no achievement.

真正的大智慧者，不会执著智慧的境界。
执著智慧的人，身上散发出智慧的酸味，
被虚假的境界所限制，而执著真实。

追求智慧的过程，就像在黑暗中要将瓶盖合上瓶身，
在伸手不见五指的黑暗里，不断摸索着、试探着，
最后终于把瓶盖合上瓶身，然后再把它旋紧。

以无所得故

Because there is no achievement.

可是，当你把瓶盖拴紧在这个瓶罐上时，
瓶身同时也抓牢了瓶盖。
当你被境界所控制，就不能自由自在地运用智慧。

想要脱离这个相互套牢的状态，
必须再一次把盖子旋出来——
这旋出来的盖子，就是你要放弃的自我，知识的傲慢。

Bodhisattva,

如果只知拿着瓶子和盖子，
只能戴着“智慧的眼镜”才能看东西，
这并不是圆满自在的境界。
把执著放掉，遍大地都是智慧。

不执著智慧，并不是说心里面想着：“不要执著智慧。”
这与修养无关，而是事实如此——根本没有任何境界或智慧可得。
摆脱“除此之外没有智慧”的迷思，
才是真正超越一切的智慧。

依般若波罗蜜多故

transcending perfect wisdom,

只有让生命中的每个体验都清楚明白，

却又不陷入习惯性的思考模式，才会转变成智慧。

心无挂碍

is not mind-clouded;

当我们用智慧了知万有的真相，没有任何疑虑，
此时此刻，看到一切众生、事事物物，
我们没有分别，没有幻想，不被束缚，
于是可以自由自在地去帮助建立所有的清净世界，
帮助所有生命得到圆满。

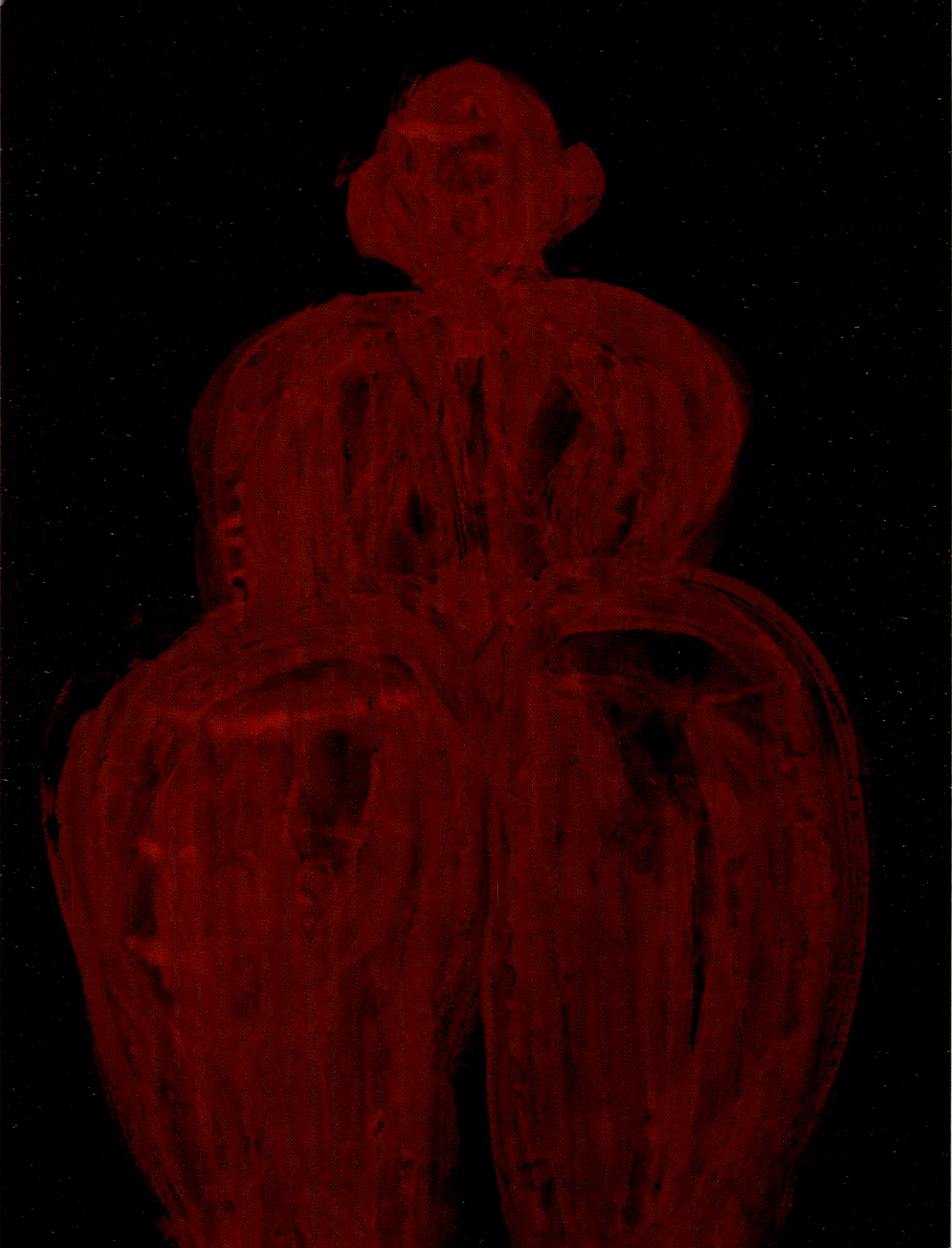

无挂碍故

Mind unclouded,

如果我们的感官接收外境不断变化的讯息，
却在心里面产生一种期望，希望这些东西永远不变，
或以为它永远不会消失：这正是一切痛苦的根源。

我们的感受是那么真实，
而我们的心则把它转成虚妄的幻想。
这种惯性的错误回路，
让我们内心生出了种种恐怖，种种惊吓，
在生命中轮转不停，永远没有办法得到自由、感到自在。

无有恐怖

is liberated from existence and fear;

一颗完全自由的心，充满了宁静，
当然也摆脱所有痛苦，远离所有恐惧
——因为恐惧来自错误的思维：
误以为有什么东西可以得到，有什么东西会失去。

远离颠倒梦想

free of confusion,

当你看清一切事情的真相，
心里面完全没有恐惧，
也就不会产生错误的认知，
在幻影中漂流不止，为各种迷思所苦。

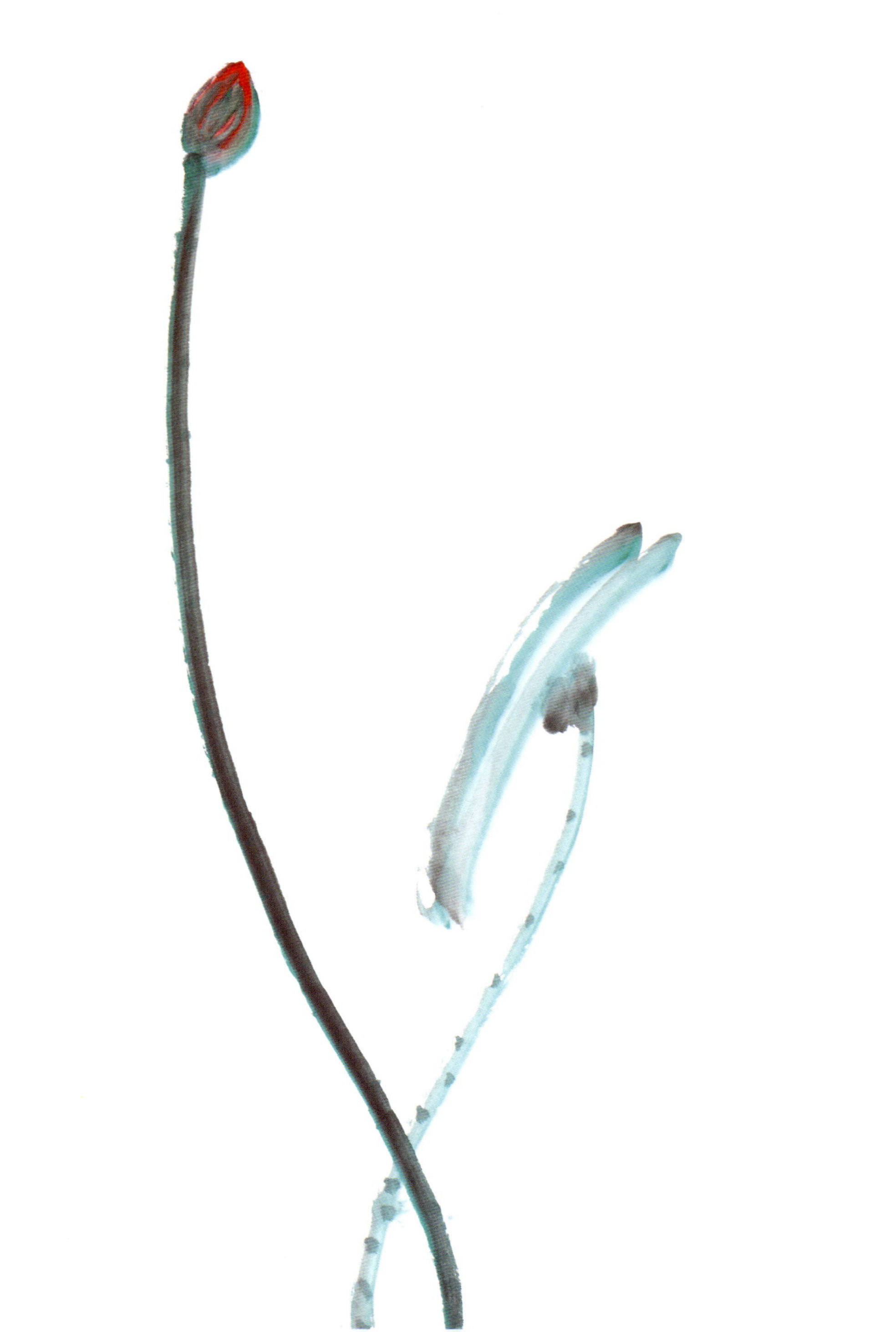

究竟涅槃

attains complete, high Nirvana.

生命因此可以获得彻底的解放，
时时刻刻都是如此平静与安稳。

三世诸佛

All Buddhas, past, present and future,

从过去、现在到未来，
一切生命达者所依止的，
就是能够清楚观照宇宙万象，
同时远离一切执著的智慧。

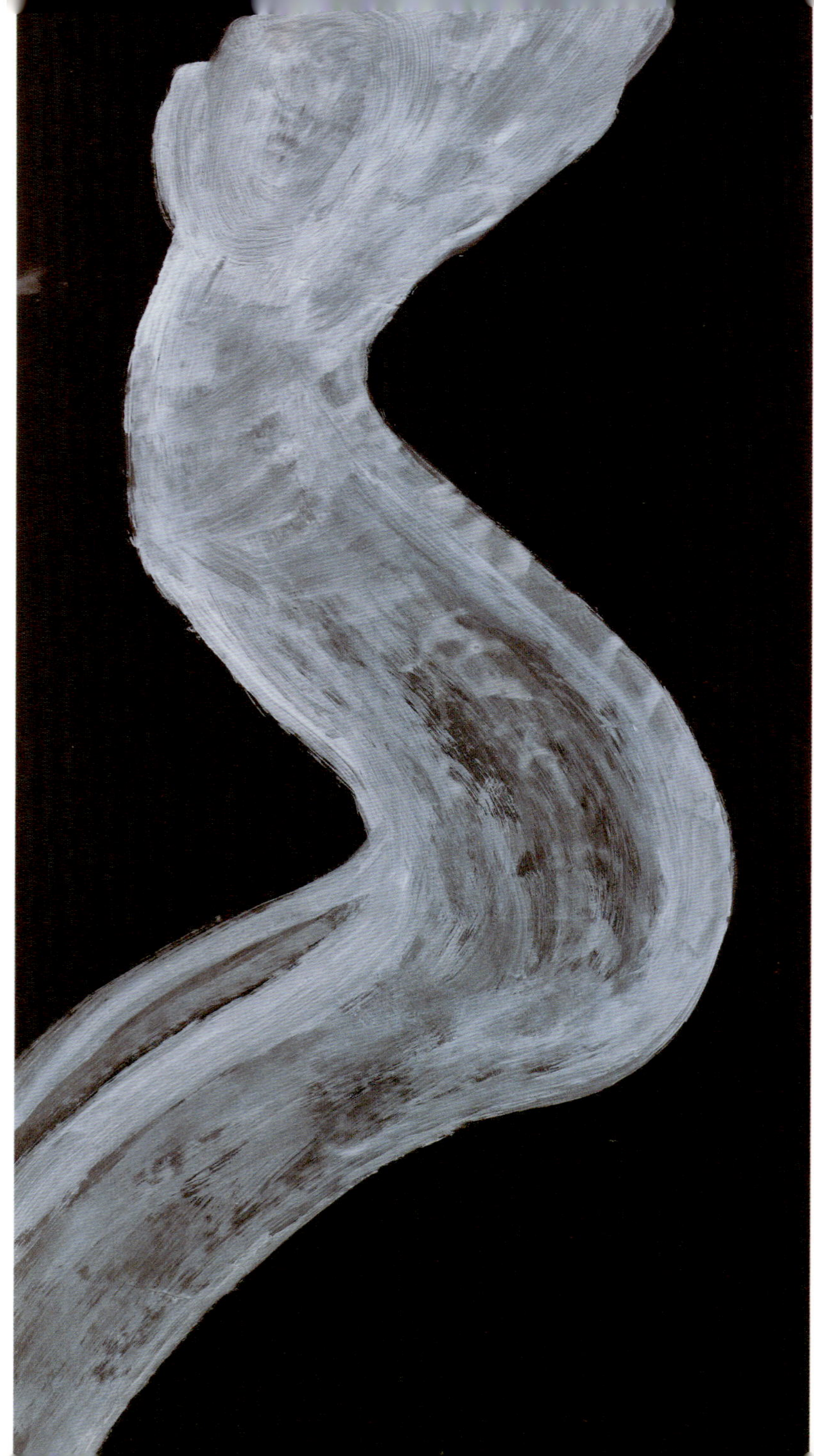

依般若波罗蜜多故

transcend perfect wisdom and are supremely,

外在没有东西需要再超越了，
而你的内在根本上也没有任何东西需要被超越。

不只是放下对万事万物的执著，
而是这里面根本没有任何不变的实体可让你去执著；
你的心不再受到任何干扰，
没有事情、没有境界再能干扰你的心。
你的智慧不再依靠任何智慧而生起。

得阿耨多罗三藐三菩提

completely and perfectly enlightened.

你观察宇宙万象，就像拿在你手中的一个杯子，
装满清水之后，你看得清楚明白；
把水喝下去的感觉，不是在你的记忆里面，
也不在你的想象里面，
而是如此现成、无比真实：就是这么的甘美、清凉。

这样的智慧，是空的，
无可得的，更谈不上“增加”或“减少”；
它也无处不在，
你没有必要去拿起一个叫做“智慧”的东西放在那里，
也不需要特地戴着一个所谓“智慧”的眼镜，才能观看万事万物。

故知般若波罗蜜多

so Prajñāpāramītā,

真正圆满无上的智慧，
就是你要用的时候，它就在那边；
当一个现象生起的时候，你当下了知这个现象的虚幻本性，
因而心里没有任何执著。

这不是逻辑推理、公式换算，而是真真实实的体悟。
因此也就没有记着或遗忘，无关提起或放下。
它完全是自然现成的，可以在每一个地方自由运用，
让你充满自在的喜悦。

是大神咒

the insight of emptiness,

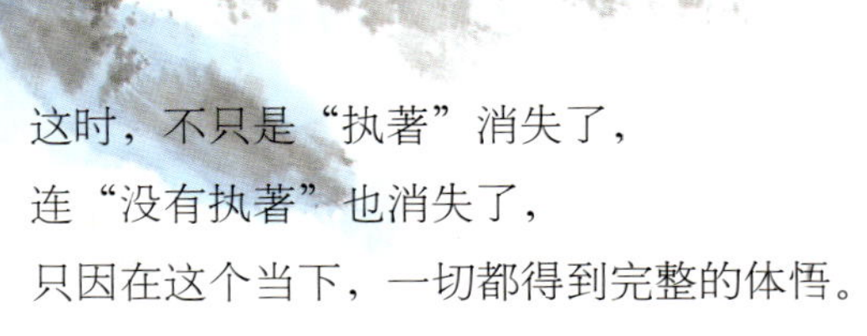

这时，不只是“执著”消失了，
连“没有执著”也消失了，
只因在这个当下，一切都得到完整的体悟。

有事的时候，无事的时候，事情变化的时候，
全都是清清楚楚明明白白，
你的心中没有一丝一毫的疑惑、一丝一毫的犹豫，
没有附着，没有纷扰，也没有遗憾。

是大明咒

is the great holy verse,

让你的心进入智慧的大海，
就像水流进水中，你的心也就成为智慧的心，

让智慧的水自然流动吧！
仔细观察你的心、你的肉身、你的呼吸，
过去的念头完全消失了，未来的念头还没有生起，
这时的念头越来越清楚了，
一个又一个，越来越细微，也像水泡一样，一个个消失。

于是你的心完全平静了，
整个宇宙也像澄净的大海一样完全平静了，
万事万物随它们去吧！你的心就像水一样，智慧也像水一样，
让水流到水里，你的心也就成为智慧的心，
让智慧的水自然流动吧！

是无上咒

the wisdom of enlightenment,

让一切回到不再有任何执著的实相自身吧！
生命中一切痛苦、纷扰、委屈、不平与烦忧，
也都将自然融入大智慧的海洋消失无踪。

这样的心，绝对是你真实的体悟，
而不只是一种想法或见解。
自在的感觉，是你的心没有疑惑，能够自在地决定，
但是对任何决定都没有执著、没有迷惘也没有烦恼；
在寂静喜悦之中游戏着，不会受到误导与遮障。

是无等等咒

unequalled and incomparable.

不管在任何地方、身处任何因缘当中，
你都能恰当地反应，随时随地做自己该做的事，
对一切生命自然生起慈爱之心，
想给予他们快乐，帮助他们拔除痛苦、超越烦恼。

一个自由者，
没有一丝一毫黏滞在自己一时的痛苦、烦恼或喜悦之上。
随着每一个现象，心中完全没有执著。

能除一切苦

It eliminates suffering.

你此时此刻充满喜悦，
下一刻要做的并不是保持这个喜悦，
而是产生下一刻新的喜悦，
这样才能念念自由、念念欢喜。

觉悟，是每一刹那都能念念自觉，
而不是有个需要去保持住的觉悟的境界。
如果以为可以抓着一个叫“智慧”的东西，
那就会时有时无，生灭不断；不是真正的智慧。

真实不虚

This is true and not false.

对任何境界，我们可以用眼、耳、鼻、舌等种种感官去体会去观察，
你可以看到它的美，它的善，没有想去执取它的心念，
于是反而能够看到万事万象的本性，
目睹它不可思议的变化。

生命没有死亡，只是不断变化。
我们为什么要把转换视为一种可怕的伤害呢？

故说般若波罗蜜多咒

So, we speak aloud

经常创造自己的欢喜，
智慧就是让我们源源不绝创造欢喜的力量，
而慈悲心让我们可以轻松承担一切生命的重轭。
这些力量不假外求，都是从你的心里自然生出。

死亡降临的时候，你自在地走，走出自己。
只有接纳死亡，生命才是完整的：
见到死亡，也见到自己的出生，
从生到死的过程中，不断地超越、升华。

即说咒曰

and recite the Prajñāpāramītā:

于是你仿佛听到一个随时随地在鼓舞着你、催促着你的声音：

揭谛揭谛

Gate Gate
Gone, gone, gone beyond.

来吧！我们大家一起来吧！

波罗揭谛

Pāra-gate
An things to the other shore.

紧紧牵着彼此的手，跨越痛苦与烦恼幻影幢幢的此岸，
让生命抵达最真实、最自在、最圆满的彼岸吧！
成就无上的觉悟。

波罗僧揭谛

Pāra-saṃgate
Gone completely beyond all, to the other shore.

如果你执著而不得自由，
那么你就像一个迷失的旅人，
永远留在早该出发的此岸；
当你放下执著，不被生命的惯性所制约，那么此岸也就成了彼岸。

彼岸即自由——
有如从梦中醒来，睁开双眼，
我们看见自己，就在彼岸。

菩提萨婆诃

Bodhi Svāhā
Enlightening wisdom. All perfect.

彼岸在今生，不是终点，而是起点。
智慧有如普照的阳光；慈悲就像清凉如水的月光。
遍地都是观自在。
自由观自在。

图书在版编目（CIP）数据

心经：送你一首渡河的歌/洪启嵩著.—北京：文化艺术出版社，2010.1
ISBN 978-7-5039-4179-5

Ⅰ.心… Ⅱ.洪… Ⅲ.禅宗-通俗读物 Ⅳ.B946.5-49

中国版本图书馆CIP数据核字（2010）第005166号

心经：送你一首渡河的歌

作　　者　洪启嵩
责任编辑　斯　日
封面设计　弘文馆·李道娥
出版发行　文化艺术出版社
地　　址　北京市朝阳区惠新北里甲1号　100029
网　　址　www.whyscbs.com
电子邮箱　whysbooks@263.net
电　　话　(010)64813345　64813346(总编室)
　　　　　(010)64813384　64813385(发行部)
经　　销　新华书店
印　　刷　北京凯达印务有限公司
版　　次　2010年2月第1版
　　　　　2010年2月第1次印刷
开　　本　840×1230毫米　1/24
印　　张　6.5
字　　数　60千字
书　　号　ISBN 978-7-5039-4179-5
定　　价　36.00元